Desserts de princesses

(et de princes aussi !)

AURÉLIA BEAUPOMMIER

j'adore !

Desserts de princesses

(et de princes aussi !)

Photographies : **Amandine Honegger**
Stylisme : **Sylvie Rost**

SOLAR EDITIONS

L'édito

Qu'il s'agisse de gourmandises quotidiennes, d'anniversaires, de fêtes familiales ou du calendrier, toutes les occasions sont bonnes pour concocter de délicieux desserts... Seul(e) dans votre cuisine ou avec vos enfants, faites monter les blancs en neige, gonfler les petits choux et dorer les génoises dans la bonne humeur !

Les princesses (et les princes aussi !) sont aux contes de fées ce que le chocolat est au gâteau... un incontournable ! Et comme le chocolat, elles et ils peuvent revêtir une apparence classique ou vivre avec leur temps. C'est pourquoi les princesses et les princes mis en avant dans ce livre ont été soigneusement choisis par mes princesses à moi, filles de leur époque... loin d'être mous comme des guimauves, toutes et tous ont du caractère !

Et comme parfois, il arrive qu'un mauvais sort vous accompagne et que l'on soit intolérant ou allergique à certains aliments, la majorité des recettes de ce livre contiennent des ingrédients de remplacement afin que toutes et tous puissent se régaler...

C'est avec plaisir que je partage avec vous nos recettes de prédilection – celles qui font briller les yeux et entendre des « trop bon ! », « encore ! », « il en reste pour mon goûter de l'école demain ? ».

Ces desserts de princesses (et de princes aussi !) sont le résultat de merveilleux moments passés avec ceux que j'aime. Je souhaite de tout cœur qu'il en soit de même pour vous...

Les desserts de princesses (et de princes aussi !) à faire en famille, j'adore !

Aurélia Beaupommier

Ce livre est pour mes filles, Emily et Héloïse.

Qui suis-je ?

Aurélia Beaupommier est une lectrice passionnée de toute la littérature merveilleuse et fantastique. Tombée un jour dans un chaudron empli de pommes, de mousquetaires, de magiciens et d'explorateurs géniaux, elle se décida à intégrer le CNRS où elle exerça durant de nombreuses années en tant que bibliothécaire. Autant passionnée par les livres que par la cuisine, elle vit aujourd'hui avec sa famille en Normandie, dans un lieu tenu secret où il y a « des livres, des amis et des fleurs », et où elle a concocté ces recettes inspirées de princes et princesses.

j'adore...

La recette en or de l'auteur

Le gâteau d'anniversaire de mes princesses : nuage au chocolat

POUR 8 GOURMAND(E)S

Préparation : 20 min

Cuisson : 40 min

6 œufs

180 g de beurre

180 g de sucre en poudre

50 g de farine

50 g de Maïzena®

½ sachet de levure chimique

200 g de chocolat noir à cuire

1 sachet de Smarties® pour la décoration

Sel

Placez une casserole vide sur une seconde remplie d'eau jusqu'à la moitié pour faire un bain-marie et mettez à chauffer.

Brisez le chocolat en morceaux, coupez le beurre en morceaux et mettez le tout à fondre dans la casserole vide.

Préchauffez le four à 180 °C (th. 6).

Cassez les œufs et séparez les blancs des jaunes.

Tamisez la farine, la Maïzena® et la levure au-dessus d'un saladier, ajoutez ensuite le sucre puis les jaunes d'œufs un à un.

Saupoudrez les blancs d'œufs avec une pincée de sel et, à l'aide d'un batteur, montez-les en neige très ferme : commencez par les battre lentement, puis de plus en plus vite. Les blancs sont parfaits si, lorsque vous retournez le saladier, rien ne tombe.

Versez le mélange chocolat-beurre sur le mélange farine-jaunes d'œufs, petit à petit, pour ne pas que la chaleur cuise les jaunes d'œufs, puis ajoutez les blancs en neige.

Versez le tout dans votre moule à gâteau préféré et enfournez 40 minutes environ à 180 °C (th. 6).

Laissez refroidir et décorez de Smarties® au gré de votre imagination.

Gourmand et incroyablement moelleux, c'est *le* gâteau préféré de mes princesses. Tellement aimé qu'il est devenu le gâteau officiel des anniversaires… mais aussi de toutes les autres occasions !

Pour les gourmands intolérants : remplacez le beurre par 200 g de compote de pommes sans sucre ajouté et la farine par de la Maïzena®.

Who's who des princesses (et des princes aussi !)

Aladdin

Aladdin rencontre un puissant sorcier nommé Jaffar. Celui-ci lui demande d'aller chercher une modeste lampe dans une grotte mystérieuse que lui-même ne peut atteindre. Cependant, Aladdin se méfie et refuse de donner la lampe à Jaffar avant qu'il ne l'ai fait sortir de la caverne aux Merveilles. Furieux, le sorcier enferme Aladdin dan la grotte. Privé de lumière, Aladdin frotte la lampe et découvre qu'elle héberge un génie capable d'exaucer ses vœux les plus fous grâce à ses pouvoirs extraordinaires. Cependant, Jaffar veut récupérer la lampe et ne recule devant rien pour utiliser les pouvoirs du génie à son profit.

Anne d'Autriche et les Trois Mousquetaires

Anne d'Autriche était une princesse espagnole, arrivée en France pour épouser le futur roi de France. Vive et facétieuse, elle aimait courir dans les escaliers du palais du Louvre (aujourd'hui, c'est un musée célèbre dans le monde entier) et faire des glissades sur les parquets avec sa meilleure amie. Dans l'histoire d'Alexandre Dumas, *Les Trois Mousquetaires*, elle donna deux de ses bijoux au duc de Buckingham en souvenir de leur amitié. Mais sitôt que ses ennemis connurent la nouvelle, ils firent tout leur possible pour lui nuire. Anne d'Autriche ne pouvait guère se rendre directement en Angleterre, elle chargea donc les fidèles et courageux mousquetaires d'Artagnan, Athos, Porthos et Aramis d'aller récupérer ses ferrets de diamant au prix de mille aventures...

Sissi

Élisabeth de Wittelsbach n'était pas destinée à devenir impératrice d'Autriche, mais parfois le destin en décide autrement. Et c'est ainsi que Sissi monta sur le trône en compagnie de François-Joseph et alla habiter dans les palais de la Hofburg et de Schönbrunn. Elle qui avait grandi près des lacs et des forêts de Bavière s'ennuyait beaucoup à Vienne malgré les bals et les grandes promenades à cheval, et, souvent, ses obligations de souveraine lui pesaient lourdement. C'est pourquoi elle canalisa une grande partie de son énergie en devenant très sportive et voyagea régulièrement dans toute l'Europe.

Blanche-Neige

Racontée par les frères Grimm, l'histoire de Blanche-Neige narre les aventures d'une petite princesse « à la peau blanche comme la neige, aux lèvres rouges comme le sang et aux cheveux noirs comme le bois d'ébène ». Jalouse, la méchante reine veut sa mort et n'hésite pas à l'envoyer dans une forêt lointaine. Oui mais voilà, les bois et les animaux ne sont pas dangereux lorsque l'on sait s'y prendre avec eux, lui apprennent les Sept Nains. Ainsi, Blanche-Neige est très heureuse de vivre dans la petite chaumière de la forêt... jusqu'au jour où la reine apprend que la princesse est toujours en vie...

Cendrillon

Il était une fois une petite fille dont les parents étaient morts à quelque temps d'intervalle car, à cette époque, les vaccins n'existaient pas. Le père de Cendrillon, pour la protéger, s'était remarié à une femme qui avait déjà deux filles. Mais à sa mort, la marâtre favorisa ses filles et réduisit Cendrillon au rang de servante dans sa propre maison. Heureusement, celle-ci ne se découragea pas et cultiva ses dons en attendant que les choses s'arrangent. Et c'est ainsi, qu'un soir de bal, elle vit apparaître une drôle de petite dame armée d'une baguette magique : sa marraine la fée.

La Belle et la Bête

Transformé par une fée en une créature bestiale pour le punir de son égoïsme, le prince s'était replié dans son palais ensorcelé jusqu'au jour où un pauvre marchand égaré demanda l'hospitalité. Au matin, il voulu rapporter une rose à sa fille Belle, provoquant l'ire de la Bête qui exigea que Belle vienne vivre au château en châtiment du vol de son père. Au fur et à mesure de leur cohabitation dans l'étrange demeure où les serviteurs sont invisibles, où les torches sont tenues par des bras sortant des murs et où les mets apparaissent et disparaissent sans que l'on ait pu voir quelconque œuvrer, la Belle et la Bête vont apprendre à se connaître et à s'aimer brisant ainsi le sortilège.

La Petite Sirène

Ce conte de Hans Christian Andersen raconte l'histoire d'une princesse sirène qui rêve de découvrir le monde des humains après avoir sauvé un marin d'un terrible naufrage. Or, ce marin était un prince qui n'eut de cesse de retrouver celle qui lui avait sauvé la vie. Déterminée à le rejoindre, la petite sirène alla voir la sorcière des mers et accepta d'échanger sa voix magnifique contre une paire de jambes en lieu et place de sa queue. Jolie mais muette, la petite sirène va alors devoir passer outre son handicap et compter sur son intelligence pour faire comprendre au prince qui elle est véritablement.

La Princesse et la Grenouille

Au choix : conte russe traditionnel ou version adaptée par les fameux frères Grimm. Dans tous les cas, le prince ou la princesse est transformé(e) en grenouille et doit se faire aimer pour ce qu'il ou elle est réellement pour briser le sortilège et redevenir humain(e). Les Studios Disney ont adapté brillamment cette histoire en la plaçant dans la Louisiane des Années folles : musique endiablée, aventures, rebondissements et personnages attachants : un régal !

La Princesse au petit pois

Selon Hans Christian Andersen, un prince voulait aimer, non pas les princesses qu'on lui présentait, mais la demoiselle que lui-même choisirait. Une nuit d'orage, une jeune femme trempée jusqu'aux os se présenta au château et demanda l'hospitalité. Elle affirmait qu'elle était princesse. La reine lui fit préparer un lit composé de 20 matelas et 20 édredons sous lesquels elle plaça un petit pois. Le lendemain, la reine demanda à la jeune fille si elle avait bien dormi, celle-ci osa lui répondre avec franchise qu'une chose très dure l'en avait empêché. Le prince fut alors charmé de son honnêteté, les deux se plaisaient, et quelque temps plus tard, on assista au mariage fut célébré tandis que le petit pois rejoignait le Trésor royal.

La Reine des neiges

Il existe plusieurs versions du conte de Hans Christian Andersen. L'une d'elles présente deux sœurs dont l'une peut commander à la glace et au froid. Dans la version traditionnelle, la Reine des neiges se promène en traîneau et enlève Kay, un jeune garçon, pour l'emmener dans son palais de glace. Là, elle gèle son cœur afin de lui faire perdre tout souvenir de sa famille et se son amie Gerda afin que Kay demeure auprès d'elle pour toujours. Gerda, partie à la recherche de Kay, échappe de peu à une sorcière et le retrouve prisonnier au palais. Profitant d'une absence de la reine, Gerda s'introduit dans le château et délivre son ami en faisant fondre le glaçon qui lui gelait le cœur et l'esprit.

Leia Organa

La princesse Leia Organa est l'une des héroïnes de *Star Wars*. Elle parcour la galaxie afin d'aider les Rebelles à lutter contre l'empereur Palpatine et le terrible Dark Vador. Très intelligente, têtue, et dotée d'un caractère bien trempé, elle est un chef écouté et respecté. Au cours de ses aventures avec la rebellion, Han Solo et Chewbacca, elle se découvre des pouvoirs Jedi et un frère caché...un certain Luke Skywalker.

L'Oiseau bleu

Un roi à la fois veuf et fort riche laisse sa fille, la princesse Florine, en proie aux manigances de la nouvelle reine. Alors que celle-ci veut à tout prix favoriser sa propre fille Truitonne, le prince Charmant s'éprend de Florine. Complots, pièges, Marraine-fée et Enchanteurs... le Prince est transformé en un merveilleux Oiseau bleu tandis que Florine se retrouve prisonnière dans la plus haute chambre de la plus haute tour du château...

Ce conte de Mme d'Aulnoy occupe une place à part dans mon cœur : il est le tout premier que j'ai réussi à lire toute seule !

Mérida (Rebelle)

Mérida adore tirer à l'arc, chevaucher cheveux au vent et déteste se soumettre aux règles barbantes imposées par la reine sa mère... Après une terrible dispute avec elle, Mérida s'enfuit dans la forêt. Elle y rencontre une vieille femme qui lui propose un gâteau magique, capable de changer son destin. Mérida accepte, mais aussitôt que sa mère le goûte, la voici transformée en ourse et pourchassée. Pour briser la malédiction, et se réconcilier, mère et fille vont devoir apprendre à se parler et à s'aimer.

Princess Bride

Duels, évasions, grand amour et miracle...Voici ce qui vous attend si vous ouvrez (ou regardez) Princess Bride. Westley aime Bouton d'or. Simple valet de ferme, il part faire fortune pour épouser sa belle et est donné pour mort. Éperdue de chagrin, Bouton d'or ferme son cœur et jure de ne plus jamais aimer. Quelques années plus tard, Bouton d'or est devenue la plus belle femme au monde et s'apprête à épouser le prince Humperdinck, bien qu'elle ne ressente rien pour lui. C'est alors qu'entrent en scène Vizzini, fourbe sicilien chargé d'enlever et de tuer la princesse ; Inigo, le maître d'armes espagnol, dont la lame et le cœur cherchent celui qui a tué son père ; Fezzik, le colosse aussi puissant que timide ; et l'homme en noir... L'homme en noir, mystérieux, redoutable et à la recherche d'une terrible vengeance...

Shrek

Il était une fois au pays, des contes de fées, un ogre vert nommé Shrek qui vivait tranquillement au cœur de son marais... Jusqu'au jour où le paisible marais de Shrek devint le refuge des créatures magiques de nos contes favoris (Les trois Petits Cochons, Pinocchio, Le Bonhomme de pain d'épice...). Flanqué de l'âne, Shrek partit à la recherche de la princesse Fiona prisonnière dans la plus haute chambre de la plus haute tour du plus haut château... oui mais voilà, il tomba amoureux de la princesse et il n'est pas facile de devenir prince lorsque l'on est un ogre...

Adapté en un série de quatre films d'animations à l'humour décapant et aux personnages inoubliables – ahhhh le regard de Potté, les commentaires de l'âne, et le cœur d'artichaut de Dragonne... – cet album écrit par William Steig est aujourd'hui entré dans la grande famille des meilleurs livres pour – grands – enfants.

Le Lac des Cygnes

Composé par Piotr Illich Tchaïkovski, *Le Lac des cygnes* est un ballet racontant l'histoire du prince Siegfried et de la princesse Odette. Un beau soir, Siegfried aperçoit au bord d'un lac un merveilleux cygne blanc qui se transforme en une magnifique jeune femme. Il s'agit de la princesse Odette, enlevée par un méchant sorcier à ses parents et sous l'effet d'un puissant sortilège. Enchantée, elle est cygne le jour et ne redevient princesse qu'à la tombée de la nuit. Siegfried et Odette veulent rompre l'enchantement, mais le sorcier a aussi une fille, et il compte bien lui faire épouser le prince, alors, il la transforme en cygne noir...

Peau d'âne

Une reine tendrement aimée mourut un jour en faisant promettre au roi qu'il ne se remarierait qu'avec une femme dont la beauté surpasserait la sienne (la reine était fort sage car, ainsi, elle pensait écarter le risque de voir son enfant chérie tomber entre les griffes d'une marâtre).

Les années passèrent et le roi tenait sa promesse tandis que la petite princesse grandissait et devenait de plus en plus belle, encore plus que sa mère. Au point qu'un beau jour, le roi décida de l'épouser. Afin d'éviter cette mésalliance, la fée, marraine de la princesse, lui conseilla de demander des choses impossibles à son père. Jusqu'au jour où, en désespoir de cause, la princesse s'enfuit dans la forêt en se faisant passer pour une humble paysanne vêtue d'une peau d'âne...

Princesse Mononoké

Princesse Mononoké ou *La Princesse des esprits vengeurs* est un film d'animation sorti en 1997 et devenu culte. Il raconte l'histoire d'Ashitaka, le prince des Emishis et de San, la princesse Mononoké élevée par la déesse-louve Moro. Parce qu'il a tué le dieu-sanglier, Ashitaka se retrouve frappé d'une malédiction. Pour la briser, il doit apaiser la colère de la Nature. C'est ainsi qu'il arrive au village des Forges et se retrouve au milieu d'une bataille opposant les habitants du village aux esprits de la forêt. Mononoké et Ashitaka s'allient pour réconcilier les humains et les dieux de la forêt afin qu'ils cessent de se combattre et que la Nature retrouve son équilibre.

Queen Victoria

Petite fille, Victoria grandit à l'écart du monde, elle ne va pas à l'école car des précepteurs se déplacent en son château pour lui enseigner les règles du protocole ou les langues étrangères (elle parle anglais, allemand, français, italien, latin et grec). Comme elle ne fréquente pas les autres enfants, elle s'ennuie un peu, aussi elle joue avec ses poupées et surtout son chien Dash qui est son meilleur ami. Alexandrina Victoria n'était pas née pour être reine, et pourtant, elle deviendra l'une des souveraines les plus célèbres de tous les temps. Elle régnera sur le Royaume-Uni et l'Irlande, mais aussi sur des pays très lointains comme les Indes, l'Australie et le Canada.

Raiponce

Rendue célèbre par les frères Grimm, Raiponce raconte l'histoire d'une petite princesse enlevée à ses parents et retenue prisonnière au sommet d'une tour. Tour très particulière car comme elle ne possède ni porte ni escalier, on doit l'escalader en s'aidant de l'immense natte de la princesse pour parvenir à son sommet. Dans la version des Studios Disney, Raiponce fait des acrobaties le long de sa natte qui guérit les blessures, dessine, observe les étoiles et se révèle très habile à manier la poêle à frire... afin d'assommer les importuns.

Robin des bois

Ah Robin des bois ! Inoubliable héros de la forêt de Sherwood ! Il combat sans relâche avec ses compagnons Petit Jean, Frère Tuck et les autres contre les exactions commises par les Shérif de Nottingham et le prince Jean tandis que le roi Richard Cœur de Lion est au loin. Éternel défenseur des opprimés qui vole aux riches pour donner aux pauvres, il entre dans la légende grâce à son extraordinaire habileté au tir à l'arc, son audace et sa ruse, mais aussi par sa loyauté et son amour pour la délicieuse lady Marianne. Les aventures de Robin ont été immortalisées dans beaucoup de films et de dessins animés, mais, la version avec Errol Flynn est l'une de mes favorites !

La Petite Princesse (Princesse Sarah)

Sarah, élevée aux Indes avec son papa, est envoyée dans un pensionnat en Angleterre. Impressionnée par sa fortune, la directrice de l'établissement, Mme Minchin, lui accorde un traitement de faveur et en fait la star de son école. Mais lorsque son père meurt, Sarah se retrouve ruinée et devient servante au pensionnat. Un beau jour, un mystérieux gentleman venu des Indes, M. Carrisford, emménage dans la maison mitoyenne et Sarah se lie d'amitié avec Ram Dass, son valet hindou. Celui-ci parle à M. Carrisford de cette étrange fillette, modeste et servante mais qui parle plusieurs langues et connaît les traditions des Indes. M. Carrisford se révèle être l'ami du père de Sarah et le tuteur de la petite fille...

She-Ra et les princesses au pouvoir

Adora est un membre redouté de la terrible Horde, commandée par Hordak, et fait régner la terreur sur le royaume d'Etheria. Ayant reçu l'ordre d'anéantir la Grande Rébellion, elle pénètre dans la forêt des Murmures où elle découvre une épée magique qui la transforme en She-Ra. Adora choisit alors de devenir She-Ra, la princesse-héroïne de la rébellion dont la mission est de libérer Etheria. Aidée par Flechdor, Scintilla et des autres allié(e)s de la rébellion, tous dotés de pouvoirs aussi puissants que différents, elle n'a de cesse de combattre Hordak.

Simba, le Roi-Lion

Au cœur de la savane africaine, naît un lionceau pas comme les autres : il s'agit de Simba, le fils de Muphasa et de Sarabi. Très turbulent et manipulé par son oncle Scar, le petit prince provoque une catastrophe lorsque son père meurt et que son oncle accède au trône. Terrifié par ce qu'il a fait, Simba s'enfuit et rencontre Timon et Pumba, phacochère et suricate de leur état, qui vont devenir ses grands amis et l'aider à se construire. Devenu adulte, Simba croise le chemin de Nala, son amie d'enfance, qui lui annonce que le royaume des lions dépérit sous la patte de Scar. Simba doit alors faire un choix : continuer à vivre caché ou affronter son oncle et ses peurs...

Thor

Dans la mythologie scandinave, Thor est le dieu du tonnerre, le fils de Odin, le chef des dieux. Turbulent et agile, il commande à la pluie, aux tempêtes et crée la foudre grâce à son célèbre marteau. Thor voyage entre les mondes afin de lutter contre les géants, les grands ennemis de son peuple. Dans les films, Thor est envoyé sur Terre par Odin, agacé par le comportement de son fils : celui-ci pense que vivre sur Terre, privé de ses pouvoir et en compagnie des humains le rendra moins arrogant. Mais c'est sans compter sur les manigances des affreux de la galaxie qui menacent Asgard et la Terre. Thor va devoir s'assagir et trouver des alliés s'il veut les sauver...

Versailles et Trianon

L'un des plus beaux châteaux de France, sinon du monde ! Théâtre des moments importants de l'histoire de France, le château de Versailles a principalement été construit sous le règne du roi Louis XIV, que l'on appelait aussi le Roi-Soleil et a vu grandir de nombreuses générations d'enfants. D'une beauté à couper le souffle, le château de Versailles émerveille tant par sa magnificence que par celle de ses jardins aux délicates broderies végétales et de ses fontaines... Au fond du parc, Trianon est plus discret : un endroit idéal pour le roi, la reine et leur famille. Ils choisissaient leurs invités et pouvaient ainsi se retrouver avec leurs amis, hors des soucis du royaume, un endroit loin de tout où l'on pouvait jouer et être vraiment soi-même...

Gros gâteaux à partager

Princess Bride

Crumble « Comme il vous plaira »

Bouton d'or et Westley demeuraient ensemble à la ferme des parents de celle-ci, où elle préparait la cuisine et de délicieux desserts aux bons fruits de saison. Chaque fois que Bouton d'or lui demandait à quel fruit Westley désirait son crumble, il lui répondait invariablement : « Comme il vous plaira ».

POUR 1 PRINCESSE, 1 TERRIBLE PIRATE, 1 ESPAGNOL VENGEUR, 1 GÉANT RIMANT, 1 COMTE À 6 DOIGTS, 1 SORCIÈRE SYMPATHIQUE

Préparation : 15 min

Cuisson : 30 min

500 g de poires

500 g de coings

200 g de farine

100 g de sucre en poudre

100 g de beurre + un peu pour le plat

Préchauffez le four à 180 °C (th. 6) pendant que le Terrible Pirate Roberts arrive en vue des côtes de Florin.

Lavez les fruits, ôtez les trognons et les pépins, puis demandez à Inigo Montoya de couper les fruits en petits morceaux et disposez-les dans un plat beurré.

Mélangez la farine, le sucre et le beurre coupé en petits morceaux dans un saladier jusqu'à ce que vous obteniez une pâte qui s'émiette entre vos doigts comme le sable des marais de Feu (ou une pierre entre les mains de Fezzik).

Répartissez cette pâte sur les fruits puis enfournez 30 minutes environ (option moins dangereuse que celle d'attendre un jet de flamme dans les marais).

Lorsque la croûte est aussi dorée que la chevelure de Bouton d'or, dégustez en bonne compagnie, par exemple au sommet des falaises de la Folie.

Pour les gourmands intolérants :
remplacez la farine par de la Maïzena®.

Peau d'âne

Galette princière

En réalisant une galette pour le prince, Peau d'âne glisse sa bague à l'intérieur. Enchanté d'un gâteau si délicieux le prince demande à toutes les jeunes filles du royaume d'essayer l'anneau afin de rencontrer celle qui a su le charmer de cette manière.

POUR 6 CONVIVES

Préparation : 15 min

Cuisson : 40 min

1 bague en or ou en argent (pas en plastique !)

2 pâtes feuilletées (100 % pur beurre)

125 g de poudre d'amandes (ou de noix, ou de noisettes…)

2 œufs

100 g de sucre en poudre

50 g de beurre mou

1 cuil. à café de Maïzena®

10 cl de lait + un peu pour la dorure

1 gousse de vanille

Préparez la pâte dans une jatte : mélangez le sucre et les œufs (sans les coquilles).

Coupez la gousse de vanille en deux dans le sens de la longueur, et avec le dos d'un couteau, grattez les gousses afin d'en récolter tous les grains. Ajoutez dans la jatte les grains de vanille, la Maïzena®, le beurre mou et le lait puis remuez jusqu'à ce que le tout forme un mélange harmonieux. Versez la poudre d'amandes et mélangez encore.

Étalez les pâtes feuilletées en 2 cercles de 30 cm de diamètre environ. Disposez le premier cercle de pâte sur un papier cuisson, recouvrez ce cercle avec la pâte d'amandes jusqu'à 1 cm du bord.

Dissimulez la bague au cœur du gâteau et recouvrez avec le second cercle de pâte. Pressez doucement les bords de la pâte pour qu'elle colle bien. Et sans plus de discours préchauffez le four à 180 °C (th. 6).

Avec un couteau à beurre, tracez de jolis dessins sur le dessus de la galette sans trop appuyer pour ne pas percer la pâte. Badigeonnez d'un peu de lait et enfournez 40 minutes.

Dégustez chaud, tiède ou froid, comme il vous plaira !

She-Ra

Diplomate arc-en-ciel

De la diplomatie il en faut lorsque l'on se bat contre la Horde pour sauver le royaume d'Etheria. Alors, que vous soyez une guerrière douée pour la téléportation, que vous commandiez à la glace ou aux végétaux, que vous soyez sirène ou super bricoleuse, vaillante ou timide, bienvenue parmi les princesses du pouvoir (et leurs amis princes !) avec cette recette clin d'œil aux couleurs de She-Ra et de Fougor, la licorne ailée.

POUR 8 PRINCES ET PRINCESSES

Préparation : 20 min

250 g de quatre-quarts

400 g d'abricots et de pêches au naturel

300 g de gelée de myrtille ou de framboise

600 g de crème à la vanille type Danette®

300 g de crème Chantilly

25 g d'amandes effilées

À l'aide de votre épée magique, coupez le gâteau en tranches de ½ cm d'épaisseur environ. Organisez les tranches en trois groupes.

Disposez le premier groupe de tranches dans le fond d'un saladier transparent (ou d'un plat à diplomate si vous en possédez un ou dans plusieurs coupes).

Égouttez les fruits en récupérant le jus et coupez-les ensuite en petits morceaux.

Répartissez les fruits et la moitié de la gelée sur les tranches de gâteau puis versez dessus la moitié de la crème à la vanille. Renouvelez l'opération avec le second groupe de tranches.

Terminez avec le dernier groupe de tranches, recouvrez de crème Chantilly et d'amandes effilées.

Placez au réfrigérateur quelques minutes, le temps de vous transformer et dégustez avec vos amis !

Gâteau de la reine Victoria

Avant d'être l'une des plus célèbres reines de tous les temps, la petite Victoria était une jeune fille gourmande, intelligente et espiègle. En son honneur, on créa ce gâteau à la mesure de sa royale gourmandise.

POUR 8 SUJETS DE LA REINE

Préparation : 10 min

Repos : 15 min

Cuisson : 40 min

100 g de beurre mou

100 g de sucre en poudre

2 œufs

100 g de farine

½ sachet de levure chimique

75 g de compote de fraises sans sucre ajouté

2 pots de crème dessert à la vanille (sans lactose si besoin)

Sucre glace pour la décoration

Dans un joli bol à fleurs, mélangez le beurre et le sucre. Ajoutez les œufs un par un (sans leur coquille) et remuez soigneusement. Tamisez ensuite la farine ainsi que la levure au-dessus du bol et mélangez encore.

Versez la préparation dans deux moules ronds et faites-les cuire 20 à 25 minutes chacun le temps que les génoises soient bien dorées mais restent encore un peu élastiques lorsqu'on appuie dessus.

Laissez refroidir 15 minutes environ, juste le temps de préparer une table au milieu des roses du jardin.

Étalez la compote de fraises sur le premier gâteau, répartissez la crème par-dessus et placez le second gâteau au-dessus en appuyant très légèrement pour faire tenir le tout.

Saupoudrez de sucre glace et dégustez au jardin... avant de rentrer en courant sous la pluie !

Pour les gourmands intolérants :
Remplacez la farine par de la Maïzena® et le beurre par de la compote de pommes sans sucre ajouté.

Robin des Bois, prince des voleurs

Tarte aux mûres de Sherwood

Ce n'est pas parce que l'on vit en pleine forêt et que l'on passe son temps à échapper au shérif de Nottingham que l'on ne peut pas s'accorder une petite douceur de temps à autre. Essayez cette tarte aux mûres concoctée par frère Tuck en personne, vous m'en direz des nouvelles !

POUR 8 JOYEUX COMPAGNONS

Préparation : 15 min

Cuisson : 35 min

1 pâte brisée

250 g de gelée de mûre

2 blancs d'œufs

1 pincée de sel

50 g de sucre en poudre

70 g de noisettes

Préchauffez le four à 180 °C (th. 6).

Déposez la pâte dans le fond d'un plat à tarte, puis piquez-la de nombreuses pointes de flèche, ceci afin qu'elle reste bien plate pendant la cuisson et ne gondole pas telle la bedaine du shérif de Nottingham.

Faites cuire la pâte 20 minutes, le temps de passer votre arc, votre carquois et, surtout, votre plus beau collant vert !

Cassez les noisettes en petits morceaux.

Dans un bol (propre) ou un casque (propre lui aussi), montez les blancs en neige bien ferme avec le sel, puis ajoutez le sucre avec douceur pour ne pas faire retomber les blancs.

Sortez le plat du four en faisant bien attention car il est chaud.

Étalez la gelée sur la pâte, recouvrez de blancs d'œufs sucrés et parsemez de noisettes. Remettez au four 15 minutes le temps que la pâte forme une croûte aussi dorée que les feuilles à l'automne.

Voici un goûter parfait pour un banquet dans la forêt ou avant le plus grand tournoi d'archers de toute l'Angleterre.

Princesse Mononoké
Cheesecake thé-tofu

Alors que Dame Eboshi et les forces de l'empereur tentent de détruire les esprits de la forêt, San la princesse Mononoké et Ashitaka le prince des Emishis se réfugient sur l'île du dieu-cerf où ils peuvent être soignés avant de retourner combattre pour sauver la forêt.

POUR 4 ESPRITS DE LA FORÊT

Préparation : 15 min

Infusion : 15 min

Cuisson : 1 h

Réfrigération : 2 h

Pour le fond de tarte

200 g de biscuits secs (type petits-beurre, boudoirs, biscuits roses de Reims...)

5 cuil. à soupe de purée d'amandes

3 cuil. à soupe de lait végétal (amandes, riz...)

Pour la garniture

400 g de tofu

300 g de lait de riz

1 sachet de thé vert

140 g de sucre brun en poudre (vergeoise...)

2 sachets de sucre vanillé

50 g de Maïzena®

2 œufs

Préchauffez le four à 180 °C (th. 6).

Faites tiédir le lait dans une casserole sur feu doux, puis plongez le sachet de thé vert et laissez infuser 15 minutes environ. Ôtez le sachet.

Mixez les biscuits dans un robot pour les réduire en poudre. Mélangez la poudre de biscuits dans un saladier avec la purée d'amandes et le lait végétal afin de former une pâte légèrement souple que vous pouvez rouler en boule.

Placez 1 feuille de papier cuisson au fond d'un moule à tarte, puis aplatissez la pâte dessus. Enfournez durant 15 minutes.

Mixez le tofu avec les œufs, le lait au thé, les sucres et la Maïzena®.

Sortez la tarte du four et versez dessus la garniture. Remettez au four 45 minutes.

Laissez refroidir, puis mettez au réfrigérateur au moins 2 heures.

Desserts rien que pour toi

Raiponce

Omelette sucrée

À quoi passer ses journées lorsque l'on est enfermée tout en haut d'une tour ? Observer étoiles et oiseaux ? Ou encore devenir super-pro en escalade et aller rendre visite aux plantes du jardin voisin... d'où vous tirez votre nom !

POUR 1 PRINCESSE, 1 PRINCE-BRIGAND ET 2 AMIS

Préparation : 10 min

Cuisson : 25 min

6 œufs

4 cuil. à soupe de sucre vanillé

500 g de rhubarbe

40 g de beurre

1 cuil. à soupe de crème fraîche

Dès que la sorcière a tourné le dos, faites descendre vos cheveux pour aller récolter les tiges de rhubarbe qui poussent dans le vieux jardin.

Rincez les tiges, épluchez-les si besoin pour enlever les côtés un peu fibreux (berk ! Même un caméléon n'en voudrait pas).

Coupez ensuite ces tiges en petits bouts, versez-les dans une casserole avec 1 cuillerée à soupe d'eau et laissez-les compoter 20 minutes à feu aussi doux que vos cheveux.

Cassez les œufs au-dessus d'un bol et fouettez-les avec la crème et le sucre (mais sans les coquilles).

Ajoutez la compote de rhubarbe et mélangez encore un peu pour bien amalgamer le tout.

Faites fondre le beurre à feu moyen dans votre poêle favorite, versez-y l'omelette et laissez-la cuire 5 minutes environ à feu vif, jusqu'à ce qu'elle devienne d'un blond doré aussi magnifique que celui de vos cheveux.

Glissez-la sur une assiette et passez-la sous le gril du four pour la faire caraméliser juste le temps d'aider vos amis à grimper le long de la tour.

Pour les gourmands intolérants :
Remplacez la crème fraîche par de la crème végétale.

Entremets façon Thor

Cette version du riz au lait est l'un des desserts les plus appréciés au pays de Thor.

POUR 6 GUERRIE(È)R(E)S D'ASGARD

Préparation : 20 min

Repos : 10 min

Cuisson : 40 min

1 l de lait

500 g de riz rond

250 g de cerises dénoyautées

125 g de crème Chantilly

100 g de miel

100 g d'amandes

½ gousse de vanille

Rincez le riz, mettez-le dans une casserole d'eau et convoquez la foudre pour le faire bouillir 5 minutes.

Coupez la gousse de vanille en deux, grattez-les pour en recueillir tous les grains et ajoutez-les au lait.

Égouttez le riz et remettez-le dans la casserole en ajoutant le lait. Laissez mijoter à feu tout doux durant 35 minutes sans couvrir.

Cassez les amandes en gros morceaux ; vous pouvez utiliser un marteau, un couteau ou le fond d'une casserole, à votre guise.

Quand le riz est bien tendre, versez le miel, mélangez et laissez refroidir dans les glaces du Nord ou au réfrigérateur.

Ajoutez la crème Chantilly puis les cerises et les amandes, et, où que vous soyez, appelez Heimdall pour qu'il vous ouvre les portes du royaume d'Odin afin de vous régaler en bonne compagnie.

Pour les gourmands intolérants :
Remplacez le lait de vache par du lait végétal et la chantilly par de la crème d'amandes.

La Belle et la Bête

Mousseline rose

Lorsque Belle vient habiter au château, l'ambiance n'est pas encore à la fête entre le prince et elle, les serviteurs lui concoctent alors un véritable festin pour lui remonter le moral.

POUR 4 PERSONNES

Préparation : 15 min

Réfrigération : 2 h

300 g de framboises fraîches (ou surgelées puis égouttées)

1 cuil. à soupe de miel liquide

500 g de yaourt nature

2 feuilles de gélatine

4 cuil. à soupe d'eau de rose

2 blancs d'œufs

2 cuil. à soupe de sucre glace

1 pincée de sel

Quelques pétales de rose cosmetibles

Commencez par faire ramollir les feuilles de gélatine dans un grand bol d'eau fraîche durant 5 minutes.

Dans le même temps, demandez à vos gentils serviteurs de faire tiédir l'eau de rose dans une petite casserole à feu doux.

Lorsque la gélatine est aussi ramollie que vos genoux lorsque vous explorez le château, délayez-la dans l'eau de rose.

Mélangez dans un saladier les framboises, le miel et le yaourt, ajoutez ensuite l'eau de rose.

Battez les blancs en neige très ferme avec le sel dans un saladier. Les blancs sont prêts lorsqu'ils sont aussi mousseux et gonflés que la neige fraîche et qu'ils ne vous tombent pas sur la tête lorsque vous retournez le saladier. Saupoudrez le sucre au-dessus des blancs et incorporez-le avec une grande délicatesse pour ne pas faire retomber les blancs.

Ajoutez les blancs au mélange yaourt-framboises, répartissez dans les coupes et laissez 2 heures au frais.

Parsemez de pétales de rose et dégustez dans la bibliothèque, au bal ou entre deux batailles de boules de neige !

Pour les gourmands intolérants :
Remplacez le yaourt nature par du yaourt végétal.

La Princesse et la Grenouille

Pancakes du bayou

Tiana rêve d'avoir son restaurant à elle... En attendant ses pancakes font déjà sa réputation !

POUR 4 ALLIGATORS (12 PANCAKES)

Préparation : 10 min

Cuisson : 4 min par pancake + 5 min sous le gril

½ l de lait
500 g de farine
10 g de levure chimique
60 g de sucre en poudre
1 gousse de vanille
4 bananes
2 pincées de cannelle en poudre
4 cuil. à café de cassonade
1 poignée de noix de pécan broyées

Dans une cabane perdue dans le bayou – et aussi dans un bol – mélangez la farine et la levure, puis le sucre et le lait. Fouettez.

Coupez la gousse de vanille dans le sens de la longueur – attention à vos doigts ! – et grattez l'intérieur avec le dos du couteau pour récolter tous les grains. Ajoutez-les au mélange, fouettez de nouveau au son de la musique endiablée du bayou !

Versez 2 cuillerées à soupe de pâte dans une poêle anti-adhésive, étalez afin de former une petite crêpe, laissez cuire 2 minutes de chaque côté et réservez hors de portée des gourmands.

Si vous avez forme de grenouille, essuyez bien le mucus et la bave qui couvrent vos pattes, si vous avez forme humaine, faites pareil puis épluchez les bananes et coupez-les en rondelles.

Disposez 3 pancakes par assiette, puis les bananes, saupoudrez le tout de cassonade et de cannelle, ajoutez les noix de pécan et passez 5 minutes sous le gril du four.

Pour les gourmands intolérants :
Remplacez le lait par un lait d'avoine et la farine par de la Maïzena®.

La Petite Sirène

Sablés aux algues et à la framboise

Ces petits gâteaux si anciens étaient déjà très appréciés du temps d'Andersen. Voici une variante idéale pour une sirène qui voudrait aussi vivre sur terre.

POUR 8 BISCUITS

Préparation : 15 min

Repos : 45 min

Cuisson : 12 min

300 g de farine

200 g de beurre mou

200 g de framboises fraîches (ou décongelées)

1 pincée d'algue agar-agar en poudre

1 filet de miel

125 g de sucre glace

Jus de 1 citron

Vermicelles colorés

Rincez les framboises à l'eau claire, puis mixez-les finement avec un pied à soupe, un mixeur ou un blender. Si vous n'en possédez pas, écrasez les fruits puis passez la purée obtenue au travers d'une passoire aussi fine que possible.

Posez une petite casserole sur le feu moyen, versez-y la purée de framboises, et lorsqu'elle est bien chaude, ajoutez la poudre d'algue et mélangez bien. Goûtez et ajoutez un peu de miel mais pas trop, la purée doit rester légèrement acidulée. Versez dans un bol et laissez refroidir.

Réalisez la pâte en mélangeant le beurre et la farine. Partagez en 2 boules, entourez-les d'un torchon humide et laissez-les reposer 30 minutes au réfrigérateur.

Préchauffez le four à 180 °C.

Étalez les pâtes en formant des carrés de 25 cm environ et laissez reposer au froid 15 minutes sur une plaque à patisserie (ou la lèchefrite du four) recouverte de papier cuisson. Puis faites cuire au four les carrés de biscuit chacun 12 minutes à 200 °C (th. 6-7), jusqu'à ce qu'ils soient dorés.

Laissez la brise du large les refroidir puis découpez-les en huit (6 cm x 12 cm).

Étalez la purée de framboises sur un premier biscuit et recouvrez avec un deuxième. Continuez avec les autres biscuits.

Dans un petit bol, délayez le sucre glace avec le jus de citron, versez très vite sur le dessus des biscuits pour les napper et saupoudrez de vermicelles.

À déguster sur la plage en écoutant le chant des vagues.

Pour les gourmands intolérants :
Remplacez la farine par de la Maïzena®.

Blanche-Neige

Pommes au four

On le sait, Blanche-Neige adôôôre les pommes, c'est ce qui manque de causer sa perte… Voici l'une de ses recettes favorites : simple, rapide et délicieuse. Et comme elle ne nécessite que peu d'ingrédients, on peut la préparer même au fin fond d'une chaumière au milieu de nulle part.

POUR 1 PRINCESSE ET 7 NAINS

Préparation : 10 min

Cuisson : 30 min

8 pommes selon votre goût

8 cuil. à café de gelée de groseille

60 g de beurre

100 g de raisins secs

4 cuil. à soupe de sucre en poudre

Préchauffez le four à 180 °C (th. 6) en fredonnant un air joyeux.

Rincez les pommes puis évidez-les afin d'en ôter le trognon et les pépins ; posez-les ensuite sur un plat allant au four.

Déposez 1 cuillerée à café de gelée dans chaque pomme, ajoutez les raisins et terminez par encore un peu de gelée.

Déposez 1 noisette de beurre au sommet de chaque pomme et saupoudrez de sucre.

Enfournez 30 minutes et dégustez tiède en écoutant chanter les oiseaux.

Pour les gourmands intolérants :
Remplacez le beurre par de la compote de pommes non sucrée.

Note de l'auteur :
Pour réussir cette recette, il faut absolument siffler en travaillant, c'est la condition indispensable pour réussir la recette.

La Reine des neiges

Esquimaux givrés

Qu'il fasse un froid de canard ou un grand soleil, que la Reine des neiges et des glaces gèle les terres ou qu'elle ait perdu ses pouvoirs, quelle que soit la saison, régalez-vous avec ces esquimaux tout droits venus des pays du froid...

POUR 6 ESQUIMAUX

Préparation : 10 min

Congélation : 3 h

6 moules à esquimaux ou à sucettes ou 12 pots de petits-suisses (vides)

À la saison des myrtilles

500 g de myrtilles fraîches (pas surgelées)

400 g de lait concentré sucré

Hors saison

1 bouteille de Gatorade® à la framboise (la bouteille bleue)

1 bouteille de sirop de sucre de canne

Durant la saison, rincez les myrtilles et égouttez-les bien puis mixez-les ensuite avec le lait concentré dans le bol d'un robot.

Versez ensuite le mélange au-dessus d'une passoire pour récupérer tous les petits morceaux.

Répartissez le lait de myrtilles dans des moules à esquimaux (ou dans des pots de petits-suisses dans lesquels on peut planter des cuillères à café).

Congelez-les du bout de vos doigts ou placez-les au moins 3 heures au congélateur.

Hors saison, mélangez 1 mesure de sirop de sucre de canne pour 6 ou 7 mesures de boisson à la framboise.

Versez dans les moules et laissez prendre au congélateur, toujours au moins 3 heures, sauf bien sûr si vous disposez de pouvoirs magiques...

Pour les gourmands intolérants :
Remplacez le lait par de la crème d'amandes + 50 g de sucre glace.

Petits gâteaux à emporter

Aladdin

Baklava du souk

Enfant du souk, Aladdin aime flâner dans le marché, on peut y trouver de tout : des marchandises des quatre coins du monde, des épices aux mille parfums, de délicieuses pâtisseries, et même des princesses avides d'exploration.

POUR 30 DÉLICES

Préparation : 30 min

Cuisson : 50 min

500 g de pistaches, amandes et noisettes

1 paquet de pâte filo (10-12 feuilles)

250 g de beurre

250 g de sucre en poudre

250 g d'eau

125 g de miel liquide

Jus de 1 citron

½ cuil. à café de cannelle

Préchauffez le four à 180 °C (th. 6).

Mixez les pistaches, amandes et noisettes (dans un mixeur ou un blender par exemple) et mélangez-les avec la cannelle.

Faites fondre le beurre 1 minute au micro-ondes ou 5 minutes dans une casserole posée sur feu doux.

Déroulez la pâte filo et coupez-la pour qu'elle soit aux dimensions du plat (le mien mesure 20 × 20 cm).

Posez 2 feuilles au fond du plat et enduisez-les de beurre avec un pinceau.

Saupoudrez avec le mélange de noix à la cannelle et recommencez en terminant par 6 feuilles de pâte filo.

Dessinez 5 lignes et 6 colonnes sur le gâteau à l'aide d'un couteau, un peu moins si le moule est petit, un peu plus si le moule est grand.

Coupez le long de ces lignes mais sans détacher les parts, puis faites cuire le gâteau 50 minutes au four, jusqu'à ce qu'il soit bien doré.

Mélangez le sucre et l'eau dans une casserole posée sur feu vif, un peu avant la fin de la cuisson. Lorsque des bulles apparaissent, ajoutez le citron et le miel, baissez le feu et laissez mijoter 20 minutes.

Sortez le baklava du four, versez le sirop dessus en faisant très attention à ne pas vous brûler et laissez refroidir complètement avant de vous régaler en admirant les feux de la cité d'Agrabah se refléter dans les eaux de la mer Rouge…

Simba
Bouchées de lionceaux

Quand on est prince de la Savane, entre les migrations de gnous et les complots des hyènes, on a parfois besoin d'un petit quelque chose de sympathique pour se remettre de ses émotions...

POUR 12 BOUCHÉES

Préparation : 15 min

Repos : 2 h

Cuisson : 10 min

250 g de Chamallows®

150 g de chocolat au lait

130 g de galettes de riz soufflé (rayon diététique ou produits bio)

100 g de beurre

Demandez à un ami éléphant ou hippopotame de casser le chocolat en morceaux, puis faites-le fondre avec le beurre aux rayons de l'impitoyable soleil de la savane. Vous pouvez aussi utiliser une casserole posée sur feu moyen.

Coupez les Chamallows® en quatre et ajoutez-les au mélange précédent.

Émiettez soigneusement dans un plat les galettes de riz en tout petits morceaux, ou écrasez-les sur le plan de travail avec un rouleau à pâtisserie.

Retirez la casserole du feu et versez-y le riz soufflé, puis mélangez afin que tous les grains de riz soient bien enrobés.

Placez dans des moules en silicone de votre choix (animaux, demi-sphères, ou ce que vous avez à la maison !) en appuyant fermement avec vos coussinets pour bien tasser.

Laissez prendre au froid 2 heures au moins et démoulez d'un coup de griffe.

À déguster avec vos amis à poils et à plumes en ronronnant de plaisir.

Au pays de Sissi
Knödels autrichiens

De son enfance en Bavière, Sissi avait gardé l'amour des chevaux et des longues promenades en forêt. Voici donc une recette de petits gâteaux tels qu'elle a pu les déguster avec sa famille durant l'été au bord du lac.

POUR 12 PETITS GÂTEAUX

Préparation : 15 min

Repos : 30 min

Cuisson : 20 min

12 abricots
250 g de fromage blanc
50 g de beurre mou
100 g de farine
2 sachets de sucre vanillé
110 g de cassonade
1 œuf

Lavez les abricots puis dénoyautez-les mais sans séparer les morceaux. Vous pouvez pour cela pousser les noyaux avec le manche d'une cuillère en bois pour les faire sortir sans avoir à découper les oreillons.

Mélangez le fromage blanc avec 60 g de cassonade, le sucre vanillé, le beurre et l'œuf (sans sa coquille), puis ajoutez la farine en la tamisant.

Formez une boule de pâte, entourez-la avec un torchon et laissez-la reposer au frais 30 minutes.

Déposez 1 cuillerée à café de cassonade dans chaque abricot.

Mettez une grande casserole d'eau à bouillir.

Étalez la pâte sur ½ cm d'épaisseur environ à l'aide d'un rouleau à pâtisserie et découpez de larges morceaux, assez grands pour envelopper chaque abricot et leur donner la forme de petits œufs.

Placez les petits gâteaux dans l'eau bouillante à l'aide d'une écumoire. Laissez-les cuire 15 minutes puis égouttez-les soigneusement. Lorsqu'ils sont bien secs, roulez-les dans le reste de cassonade et placez-les un instant sous le gril du four, juste le temps de les faire caraméliser.

À déguster en admirant le beau Danube bleu...

Pour les gourmands intolérants :
Remplacez la farine par de la Maïzena®.

Leia

Brioches rebelles

Petit déjeuner traditionnel sur Alderaan…

POUR 25 BRIOCHETTES

Préparation : 25 min

Repos : 1 h 30

Cuisson : 5-10 min

750 g de farine

120 g de beurre

30 cl de lait

100 g de sucre en poudre

35 g de levure de boulanger

1 œuf

1 pincée de sel

1 cuil. à soupe de levure chimique (ou de bicarbonate)

Garniture

120 g de beurre mou

50 g de sucre brun en poudre (vergeoise ou cassonade)

2 cuil. à soupe de cannelle

Glaçage

1 œuf

2 cuil. à soupe d'eau

2 cuil. à soupe de perles de sucre

Demandez à votre droïde favori d'émietter la levure de boulanger puis de la dissoudre dans un bol avec un peu de lait tiède et de la laisser reposer 15 minutes.

Faites fondre le beurre 1 minute au micro-ondes ou 5 minutes dans une casserole sur feu doux.

Tamisez la levure et la farine dans un saladier, ajoutez le beurre puis le lait restant, l'œuf, le sel et le sucre. Pétrissez pendant 10 minutes.

Couvrez la pâte et laissez-la reposer 45 minutes bien au chaud mais à l'abri des courants d'air (près des moteurs d'un vaisseau spatial par exemple).

Utilisez le pouvoir de la Force pour mélanger le beurre, le sucre et la cannelle dans un saladier afin de réaliser une crème aussi onctueuse que les sourires d'un contrebandier.

Étalez la pâte sur la table en une bande large comme une main de wookie (30 cm) et épaisse comme l'un de leurs poils (3 à 5 mm). Versez la crème dessus en badigeonnant bien, puis roulez la pâte pour former un long boudin. Découpez 25 tranches à l'aide de votre sabre laser (plus précis que le phaser).

Laissez reposer encore 45 minutes directement sur la plaque de cuisson, en recouvrant d'un torchon humide pour éviter que la pâte ne se dessèche.

Préchauffez le four à 220 °C (th. 7-8).

Battez l'œuf et l'eau dans un bol, badigeonnez les brioches, saupoudrez avec les perles de sucre et enfournez pour 5 à 10 minutes.

Pour les gourmands intolérants :
Remplacez la farine par de la Maïzena®.

Le Lac des cygnes

Cygnes noirs et blancs

Siegfried est un jeune prince qui voudrait bien faire ce qu'il veut, *lui* ; Odette est une princesse qui se transforme en cygne blanc dès que le jour se lève et Odile est à la fois fille d'un puissant magicien et cygne noir... Et vous, que voudriez-vous être ?

POUR 18 CYGNES

Préparation : 20 min

Repos : 15 mn

Cuisson : 20 min

Cygnes à la vanille

60 g de beurre mou

60 g de sucre en poudre

90 g de farine

½ cuil. à café de levure

30 g de préparation pour crème à la vanille (type Imperial)

3 cl de lait (1 cuil. à soupe de lait)

Cygnes au chocolat

60 g de beurre mou

60 g de sucre en poudre

90 g de farine

½ cuil. à café de levure

30 g de cacao en poudre

3 cl de lait (1 cuil. à soupe de lait)

Pour les cygnes à la vanille :

Mélangez dans un saladier le sucre et le beurre puis le lait. Tamisez ensuite la farine, la levure et la poudre de crème à la vanille, puis ajoutez au mélange précédent.

Placez la pâte entre 2 grandes feuilles de papier cuisson et étalez-la sur ½ cm d'épaisseur environ. Laissez-la reposer au frais 15 minutes environ le temps de préparer la pâte pour les cygnes au chocolat.

Pour les cygnes au chocolat :

Recommencez les mêmes opérations que pour les cygnes à la vanille en remplaçant la poudre de crème à la vanille par la poudre de cacao.

Préchauffez le four à 200 °C (th. 6-7).

Ôtez la première feuille de papier et découpez les cygnes à l'aide de l'emporte-pièce ou d'un pochoir (note en fin de recette).

Placez-les ensuite sur une plaque à pâtisserie recouverte de papier cuisson et enfournez 20 minutes environ.

Laissez-les refroidir et dégustez-les au coucher du soleil en écoutant la merveilleuse musique de Tchaïkovski.

Astuce : vous pouvez fabriquer un emporte-pièce en forme de cygne en le dessinant (ou le décalquant !) sur un carton fin puis en le découpant pour servir de contour.

Pour les gourmands intolérants :

Remplacez la farine par de la Maïzena® et le lait par du lait végétal.

La Princesse au petit pois

Pois roses

Le meilleur moyen de savoir si vous avez affaire à un vrai prince ou à une vraie princesse est encore de lui faire goûter ces petits pois... Seuls les vrais savent repérer les bons.

POUR 15-20 POIS ROSES

Préparation : 20 min

Repos : 2 h

100 g de poudre d'amandes

200 g de biscuits roses de Reims

2-3 cuil. à soupe de lait

50 g de miel liquide

Placez les biscuits dans un mixeur et réduisez-les en une poudre aussi fine que la bruine qui tombe sans s'arrêter depuis le début de la journée.

Pesez 100 g de poudre de biscuits et gardez le reste pour la fin de la recette. Mélangez dans un saladier les 100 g de poudre de biscuits avec la poudre d'amandes, puis ajoutez le lait petit à petit et le miel.

Malaxez bien, afin de former une boule de pâte qui ne colle pas mais ne s'effrite pas non plus. Si la pâte colle trop, ajoutez un peu de poudre d'amandes ; si elle s'effrite, ajoutez un tout petit peu de lait.

Formez des petites boules de pâte de la taille d'une grosse noisette, roulez-les dans la poudre de biscuits restante et laissez reposer 2 heures au frais.

Voilà, il ne reste plus qu'à placer ces pois sous le matelas d'une princesse (ou d'un prince !) pour être sûr(e) qu'il ou elle est bien celui ou celle qu'il ou elle prétend... enfin... s'il reste encore des pois après le goûter !

Princesse Sarah

Muffins comme par magie

Un soir, épuisée après une journée de dur travail, Sarah rejoint sa minuscule chambre sous les toits. Elle croit rêver en voyant qu'un goûter bien chaud l'attend, à côté de couvertures moelleuses, d'une robe de chambre et de pantoufles neuves. La même chose arrive le lendemain, serait-ce de la magie ?

POUR 12 MUFFINS

Préparation : 15 min

Cuisson : 45 min

110 g de beurre mou

110 g de sucre brun en poudre

100 g de farine + un peu pour les fruits confits

2 œufs

½ sachet de levure chimique

80 g de raisins secs

80 g de fruits confits au choix (cerises, oranges, citrons, angélique...)

80 g de fruits à coques (noix, noisettes, amandes...)

Préchauffez le four à 180 °C (th. 6).

Coupez les fruits confits en petits dés, puis saupoudrez-les d'un peu de farine et enrobez-les bien afin qu'ils ne se collent pas entre eux.

Dans un grand bol, tamisez la farine et la levure, ajoutez le sucre et le beurre ramolli, puis les œufs un par un ; mélangez de manière à former une jolie pâte sans grumeaux. Ajoutez les fruits confits, les raisins et les fruits à coque.

Mélangez bien et versez dans des moules à muffins jusqu'aux ⅔ environ car les gâteaux vont gonfler.

Faites cuire au four 45 minutes environ. Vous saurez que les gâteaux sont cuits lorsque la lame d'un couteau plongé en leur cœur ressort bien propre.

À déguster sous les toits ou dans un palais mais en compagnie de vos meilleur(e)s ami(e)s !

Pour les gourmands intolérants :
Remplacez le beurre par de la compote de pommes sans sucre ajouté et la farine par de la Maïzena®.

Les croissants de la galerie des Glaces

Quelle merveille que cette galerie des Glaces du château de Versailles !
Imaginez comme il devait être agréable d'y faire des concours de glissades !

POUR 12 CROISSANTS ENVIRON

Préparation : 30 min

Repos : 1 h 45

Cuisson : 20 min

500 g de farine

200 g de beurre

60 g de sucre glace

25 cl de lait tiède + un peu pour la dorure

1 cube de levure de boulanger (levure fraîche)

1 pincée de sel

Émiettez la levure dans un bol, puis délayez-la avec le lait tiède. Couvrez et laissez reposer dans un endroit chaud comme la salle de bains durant 15 minutes.

Tamisez la farine dans un saladier et mélangez-la avec le sucre, le sel et la levure jusqu'à former une pâte. Étalez-la sur un plan de travail.

Coupez le beurre en petites lamelles et répartissez-les sur la pâte, puis pliez-la en quatre et mettez-la au réfrigérateur 15 minutes. Sortez la pâte du réfrigérateur, étalez-la à nouveau, repliez-la en quatre et remettez-la au frais 15 minutes. Puis étalez-la une dernière fois et découpez 12 triangles que vous roulez en terminant par une pointe.

Posez une feuille de papier cuisson sur une plaque allant au four. Disposez dessus les croissants et laissez-les gonfler 1 heure à la température de la pièce.

Préchauffez le four à 180 °C (th. 6).

Badigeonnez les croissants avec du lait et enfournez-les 20 minutes.

Prenez quelques croissants, et, avant que les courtisans n'arrivent, allongez-vous sur le parquet de la galerie des Glaces pour regarder les peintures au plafond...

Pour les gourmands intolérants :
Remplacez la farine par de la Maïzena®, le lait par du lait végétal, le sucre par du miel.

Gourmandises
en un tour
de main

Anne d'Autriche

Chocolat chaud du temps des Trois Mousquetaires

Anne d'Autriche a été rendue célèbre par l'histoire des *Trois Mousquetaires* : c'est pour elle que d'Artagnan, Athos, Porthos et Aramis courent tant de danger en bravant le terrible cardinal de Richelieu. Pour moi, cette princesse est aussi très importante car c'est elle qui a fait connaître le chocolat dans notre pays.

POUR 4 MOUSQUETAIRES

Préparation et cuisson : 15 min

75 g de chocolat noir en tablette

40 cl de lait

1 orange

1 filet de miel

1 panache de crème fouettée

Brisez le chocolat en morceaux et faites-le fondre avec le lait dans une casserole posée sur feu doux pendant que la princesse Anne fait des glissades sur les parquets du château.

Coupez l'orange en deux à l'aide d'un couteau à lame très fine et pressez-la pour en récupérer le plus de jus possible. Utilisez une petite passoire pour récupérer les pépins (les manches en dentelle ne sont pas très pratiques).

Quand le chocolat est fondu, mélangez-le bien puis ajoutez le jus d'orange et le miel.

Goûtez puis versez dans des tasses, surmontez d'un panache de crème aussi blanche que la plume de votre chapeau et courez affronter les gardes du cardinal !

Pour les gourmands intolérants :
Remplacez le lait par du lait d'amande ou d'avoine et n'ajoutez pas de chantilly.

Shrek

Mousse-cake du marais

Quand on épouse une princesse, on devient prince, l'ogre Shrek est bien placé pour le savoir. Lorsqu'il est obligé de voyager au royaume de Fort Fort Lointain, Shrek a le blues, voici un mug cake vert et moussu à souhait qui lui rappellera son cher marais.

POUR 1 TASSE

Préparation : 5 min

Cuisson : 2 min

1 œuf

1 cuil. à soupe de pâte de pistache

20 g de beurre

40 g de farine

1 cuil. à soupe de miel

½ cuil. à café de levure chimique

Demandez à l'âne de faire fondre le beurre dans un grand bol 30 secondes au four à micro-ondes, ça l'occupera.

Ajoutez le miel et la pâte de pistache, puis l'œuf (sans la coquille !).

Tamisez la farine et la levure dans un saladier et ajoutez au mélange précédent jusqu'à ce qu'il n'y ait plus de grumeaux et que le tout ait pris la couleur verdâtre de la bonne vieille vase qui sent si bon.

Passez au four à micro-ondes à puissance maximale durant 1 minute 30 (ou alors demandez à Dragonne de souffler sur la tasse).

À déguster aussitôt en rêvant à la quiétude solitaire de votre si joli marais moussu.

Pour les gourmands intolérants :
Remplacez le beurre par de la compote de pommes sans sucre ajouté et la farine par de la Maïzena®.

Mérida

Cueillette des Highlands

Mérida veut bien être une princesse mais sans renoncer à ce qu'elle aime : tirer à l'arc, monter à cheval et explorer les collines écossaises… et elle a bien raison !

POUR 6 PERSONNES

Préparation : 15 min

Cuisson : 5 min

250 g de crème Chantilly

500 g de baies d'été (framboises, fraises des bois, groseilles à maquereaux…)

6 cuil. à soupe de flocons d'avoine

À l'heure où les Highlands se cachent dans le brouillard et que la bruyère est encore humide de rosée, parcourez la lande à la recherche des baies pour votre dessert (n'utilisez pas votre arc et vos flèches pour les décrocher, ça met du jus partout).

De retour au château, et après avoir récupéré vos souliers dans les tourbières, étalez les flocons d'avoine sur la plaque du four recouverte de papier cuisson et faites-les torréfier 5 minutes sous le gril du four. Attention, restez bien à côté car ils brûlent très vite ! Laissez-les refroidir 10 minutes.

Pendant ce temps, rincez les fruits à l'eau claire d'une cascade et égouttez-les soigneusement.

Dans une jolie coupe, versez tour à tour les fruits puis la crème, enfin une pincée de flocons d'avoine et recommencez en terminant par les flocons.

Placez les coupes dans un panier, affrontez les chardons entourant le château et dégustez votre goûter, perché(e) sur le mur d'Hadrien, en admirant les cerfs rouges et les ours qui regagnent la forêt…

Pour les gourmands intolérants :
Remplacez la chantilly par de la crème d'amandes vivement fouettée.

Cendrillon

Chaussons à la citrouille

Cendrillon, une simple servante dans sa propre maison ? Que nenni ! Elle est surtout une couturière hors pair, et une jeune femme capable de comprendre les animaux et de communiquer avec eux comme peu savent le faire !

POUR 1 FÉE, 1 PRINCE, 1 PRINCESSE, 2 SOURIS ET 1 CHEVAL

Préparation : 15 min

Cuisson : 15-20 min

500 g de pâte feuilletée (100 % pur beurre)

500 g de chair de citrouille déjà cuite (musquée, butternut, galeuse...)

6 cuil. à café de miel liquide

6 cuil. à café de raisins secs

Un peu de lait

Farine pour le plan de travail

Lorsque Monsieur Chat aura fini sa sieste sur la table, lavez-la puis saupoudrez-la d'un peu de farine et étalez la pâte feuilletée à l'aide d'un rouleau à pâtisserie pour former un grand rectangle de 40 × 60 cm environ. Découpez-la ensuite en 6 carrés.

Préchauffez le four à 180 °C (th. 6), puis demandez aux souris de sortir du saladier et mélangez-y la chair de citrouille avec les raisins et le miel.

Placez ensuite 2 à 3 cuillerées à soupe de ce mélange sur la partie basse d'un carré de pâte, près de la pointe, en veillant à laisser l'espace d'un doigt entre la farce et le rebord.

Trempez le doigt dans de l'eau, passez-le sur les bords puis rabattez la pointe opposée de façon à transformer le carré en triangle.

Appuyez sur les bords avec les dents d'une fourchette pour bien les souder (ou demandez à vos amis les petits oiseaux d'y sautiller joyeusement).

Répétez les mêmes opérations avec le reste des ingrédients et placez les chaussons sur une plaque allant au four recouverte de papier cuisson.

Badigeonnez les chaussons de lait et enfournez-les 15 à 20 minutes jusqu'à ce qu'ils soient dorés et croustillants à souhait.

Salade de fruits pour Oiseau Bleu

À l'époque où *L'Oiseau Bleu* fut écrit, le roi qui régnait sur notre pays était surnommé le Roi-Soleil et adorait les fruits. Ceux qu'il préférait devinrent ainsi très à la mode, c'est pourquoi, je me suis inspirée des goûts de ce grand roi pour créer cette recette de prince.

POUR 1 PRINCESSE, 1 PRINCE, 2 FÉES, 1 MAGICIEN ET 2 AFFREUX

Préparation : 15 min

1 grappe de raisin

2 pêches

3 abricots

6 fraises ou 3 figues

2 poires

1 gousse de vanille

6 cuil. à soupe de miel liquide

Demandez à M. de La Quintinie de vous donner les fruits (c'est le jardinier du potager royal), rincez-les à l'eau claire d'une fontaine (au bassin d'Apollon par exemple) et courez jusqu'aux cuisines.

Coupez les grains de raisin en deux et le reste des fruits en morceaux, n'oubliez pas d'enlever les pépins et les noyaux et répartissez les fruits dans vos 7 bols.

Coupez la gousse de vanille en deux dans le sens de la longueur, et, avec le dos de la lame d'un couteau, grattez les gousses pour en récolter tous les grains.

Ajoutez les grains de vanille aux fruits, versez le miel dessus et mélangez avec douceur pour ne pas écraser les fruits.

Pour déguster le dessert avec le prince, il ne reste qu'à aller jusqu'aux bosquets où se cache l'oiseau bleu et prononcer ces mots magiques :

Oiseau Bleu, couleur du temps,

Vole à moi promptement...

Pour les gourmands intolérants :
Si comme le Roi-Soleil vous êtes allergique aux fraises, faites comme lui, remplacez-les par des figues.

Macarons comme à Trianon

Cette recette, différente de celle que nous connaissons aujourd'hui, est pourtant exactement celle que les jeunes princes et princesses dégustaient, il y a 250 ans, quand ils gambadaient dans les jardins du château de Versailles et de Trianon.

POUR 10-12 BISCUITS

Préparation : 2 min

Cuisson : 15 min

4 blancs d'œufs

250 g de sucre en poudre

250 g de poudre d'amandes

Préchauffez le four à 180 °C (th. 6).

Fouettez dans un saladier les blancs d'œufs avec le sucre et la poudre d'amandes.

À l'aide d'une cuillère, prélevez des noix de pâte et déposez-les sur une feuille de papier cuisson posée sur la plaque à pâtisserie du four.

Tassez les noix si besoin et enfournez-les pour 15 minutes, jusqu'à ce qu'elles soient blondes mais pas encore dorées.

À grignoter dès que les macarons ont cessé de vous brûler les doigts.

Madeleines à l'Orangerie

À l'époque où les petits princes et princesses grandissaient à Versailles, les oranges étaient très rares. Si rares et précieuses que l'on avait construit un endroit spécialement pour elles : l'Orangerie. Celle-ci existe toujours et continue chaque hiver d'abriter les orangers et les citronniers du château.

POUR 20 MADELEINES ENVIRON

Préparation : 10 min

Cuisson : 16 min

2 œufs

80 g de farine

80 g de sucre en poudre

80 g de beurre mou

½ sachet de levure chimique

1 goutte d'huile essentielle d'orange douce ou de citron ou de mandarine

Préchauffez le four à 180 °C (th.6).

Cassez les œufs dans un saladier (enlevez les coquilles), ajoutez le sucre et fouettez jusqu'à ce que le mélange blanchisse.

Tamisez ensuite dans un saladier la farine et la levure et ajoutez-les au mélange précédent.

Faites fondre le beurre dans une casserole sur feu doux et versez-le sur la préparation précédente petit à petit.

Avec précaution, ajoutez l'huile essentielle, rien qu'1 goutte car le parfum est très puissant.

Mélangez une dernière fois et versez dans les moules en les remplissant jusqu'aux au ⅔ car les madeleines vont gonfler à la cuisson.

Enfournez 10 minutes au milieu du four, puis retournez la grille et faites cuire encore 6 minutes au niveau le plus bas.

À déguster en famille au son des glouglous des merveilleuses fontaines des jardins (ou n'importe où avec ceux que vous aimez).

Pour les gourmands intolérants :
Remplacez la farine par de la Maïzena® et le beurre par de la compote de pommes sans sucre ajouté.

Mesures utiles

1 NOISETTE DE BEURRE =
4 grammes

1 NOIX DE BEURRE = 15 grammes

1 CUILLÈRE À CAFÉ =
→ 5 grammes de sel, sucre ou huile
→ 7 grammes de beurre
→ 0,5 cl de liquide
→ 5 grammes de farine ou de semoule

1 CUILLÈRE À SOUPE =
→ 15 grammes de sucre, farine ou beurre
→ 12 grammes de crème fraîche ou huile
→ 1,5 cl de liquide
→ 3 cuillères à café

1 PINCÉE DE SEL =
0,3 à 0,5 gramme

1 MORCEAU DE SUCRE =
5 grammes

Températures du four

THERMOSTAT	TEMPÉRATURE APPROXIMATIVE
1	**30 °C** (à peine tiède)
2	**60 °C** (tiède)
3	**90 °C** (chaleur très douce)
4	**120 °C** (chaleur douce)
5	**150 °C** (chaleur modérée)
6	**180 °C** (chaleur moyenne)
7	**210 °C** (assez chaud)
8	**240 °C** (chaud)
9	**270 °C** (très chaud)
10	**300 °C** (chaleur vive)

Index

Dans la même collection

CUISINE POUR LES GEEKS / LES TARTES DÉCO / LES GÂTEAUX INVISIBLES
LES DESSERTS GIVRÉS / LES SANDWICHS CAKES
LA PLANCHA / LE QUINOA / LES BOUILLONS / LES DESSERTS SANS...
LES DESSERTS DE MAMIE / SMOOTHIES GOURMANDS
CURRYS VÉGÉTARIENS / GÂTEAUX ÉMOTICÔNES / LES TACOS
PLANCHA ET PLATS FUMÉS / LA CUISINE PORTUGAISE
COCKTAILS POUR LES GEEKS / LA CUISINE HYGGE
LES PETITS PLATS DE LA LICORNE / CUISINE POUR LES GAMERS
LES TAPAS / LES GASPACHOS / LA CUISINE D'HALLOWEEN

Remerciements

À Didier, pour tout ce qui fait que j'adore travailler avec toi !

À Emeline, merci d'avoir géré ce livre comme tu l'as fait... sans perdre ni ton calme, ni ton sourire.

Merci aux photographe, styliste et graphiste et à toute l'équipe Solar qui œuvrent dans l'ombre mais sans qui rien ne serait !

Une mention spéciale à Julia Philipps qui crée des couvertures absolument magiques ! Merci, c'est un grand privilège de les voir habiller mes livres !

À ma famille et à mes proches...

Directeur éditorial : **Didier Férat**
Édition : **Émeline Gontier**
Graphisme : **Julia Philipps**
Mise en page et photogravure : **Nord Compo**
Fabrication : **Laurence Duboscq**

ISBN : 978-2-263-16237-4
Code éditeur : L16237
Dépôt légal : Octobre 2019
Imprimé en Espagne par Gráficas Estella

FSC
www.fsc.org
MIXTE
Issu de sources responsables
FSC® C003309